L. b. 49/171.

ESSAI

SUR

LA LOI D'INDEMNITÉ;

PUBLIÉ LE 19 FÉVRIER 1825;

PAR M. A. M. TAUPIN - D'ORVAL.

Prix : 60 Centimes.

PARIS,
DE L'IMPRIMERIE D'ÉVERAT, RUE DU CADRAN N° 16.

1825.

ESSAI

sur

LA LOI D'INDEMNITÉ.

Aussitôt que le projet de loi sur l'indemnité fut porté aux Chambres, la France entière se réjouit de voir éclore enfin le jour où une injustice criante et de longs malheurs allaient recevoir une éclatante réparation. Les ministres reçurent leur part des bénédictions publiques, et on leur sut gré d'avoir indiqué un mode d'exécution qui paraissait devoir réaliser avec promptitude et facilité des espérances si souvent déçues.

Mais bientôt chacun voulut faire son compte; et, dès le premier pas, on fut arrêté par les deux catégories dont parlait le projet. A laquelle appartenait-on? c'est ce que peu d'intéressés pouvaient savoir au juste. Cette difficulté fut bientôt levée par la recherche des procès-verbaux d'estimation pour les uns, et de ceux de vente pour les autres. On se procura les tableaux de dépréciation du papier-monnaie; et comme le résultat était loin d'être satisfaisant, on commença à s'apercevoir que le projet de loi n'était qu'une pure déception pour ceux qu'il avait l'air de favoriser, et un germe de jalousie et de division pour tous les autres.

Ce fut bien pis quand, après avoir fait son compte, on voulut faire celui de son voisin, et en établir la comparaison. On vit que les uns, pour avoir fait une prompte soumission au Souverain de fait, et juré fidélité à sa personne et à son Gouvernement, étaient rentrés dans la partie de leurs biens qui n'étaient pas vendus ; que d'autres, moins attaquables, mais non moins heureux, étaient rentrés également, depuis le retour du Roi, dans leurs biens, uniquement parce que ces biens consistaient en forêts, que la nation ne vendait pas, ou en terres trop considérables pour avoir été à la portée de toutes les ambitions ou de toutes les fortunes. On vit surtout qu'un grand nombre de dépossédés avaient racheté leurs héritages des mains des acquéreurs, et que le prix que l'attachement à ces domaines ou le simple caprice leur avait fait mettre à ces rentrées en possession, leur était promis par le projet de loi; ce qui les assimilait aux deux premières classes. Enfin, il fut clair que le changement de parti, le hasard ou l'argent, replaçaient certaines victimes de la révolution dans tout ou partie de leur ancienne opulence ; tandis que la fidélité, le malheur ou la misère, réduisaient les autres à la demi-paie de l'indemnité.

Cependant, tous avaient éprouvé la même oppression, et pour la même cause ; les mêmes tables de proscription avaient menacé leurs têtes et confisqué leurs biens. Comment pouvait-il se faire, quand l'ordre était rétabli, quand la légitimité du père commun de tous les Français était reconnue, que parmi ses enfans les uns pussent s'asseoir au banquet de famille, tandis que les autres, comme le fils d'Agar, étaient refoulés dans le désert avec un pain et une cruche d'eau ?

L'œil pénétrant de l'intérêt personnel sut bientôt apprécier cet état de choses, ces monstrueuses inégalités. On ne murmura pas de n'être remboursé qu'en partie ; peut-être même se fût-on contenté à moins de trente millions de rente, si la France n'avait pu y suffire sans danger pour sa prospérité : mais on fut révolté, et on murmura hautement, et du fait en lui-même, et encore plus de la manière leste et tranchante avec laquelle le projet de loi donne à entendre et établit, par des calculs, que toutes les pertes seront entièrement soldées.

Confident de ces plaintes, je vais les retracer en détail et par chapitres ; mais je n'en serais pas l'écho, si une voix intérieure, celle qui parle toujours au cœur d'un homme juste et désintéressé, ne m'avait fait connaître le moyen d'y porter remède.

CHAPITRE PREMIER.

De la Quotité de l'indemnité.

Trente millions de rentes, au capital d'un milliard, sont offerts comme indemnité à ceux dont les biens ont été vendus par suite des lois révolutionnaires. C'est la limite dans laquelle les facultés de la France ont forcé le Ministère à se renfermer.

Pour rapprocher cette somme du montant des pertes, le Ministère calcule ces dernières, non d'après la valeur réelle et intrinsèque de la chose perdue, mais d'après la valeur fictive qu'il a plu aux spoliateurs d'y mettre, soit en l'estimant, soit en la vendant.

Ainsi, les actes de la tyrannie ne seraient jugés que d'après son code, et ses rapines ne seraient évaluées que d'après ses mercuriales.

Il n'entre point dans mon plan de faire ressortir l'inconvenance d'une telle proposition: qu'il me suffise de dire que les Ministres ont proposé une indemnité et non une restitution; qu'en la limitant, ils ont consulté ce qu'il pouvaient faire, et non ce que la justice exigeait; qu'en conséquence, il est démontré, et par le texte de la loi et par sa disposition principale, qu'aucun de ceux qui y ont intérêt ne peut en espérer un dédommagement complet.

Ils doivent se contenter de ce qui leur est offert ; et je dois les prévenir que s'ils étaient plus exigeans, s'ils prétendaient établir leur prospérité personnelle sur de plus grands sacrifices de la part de leurs concitoyens, ils perdraient une partie de l'intérêt qu'ils inspirent, et paraîtraient presque dignes de leurs anciens malheurs.

CHAPITRE II.

Des droits à l'indemnité.

S'il est bien démontré que tous les participans à l'indemnité ne peuvent y trouver l'intégralité de leurs pertes, une question capitale, la seule qui mérite une discussion sérieuse, est de savoir dans qu'elle proportion et d'après quelles bases chacun d'eux y participera.

C'est ici que les auteurs du projet de loi ont complètement échoué. Je trouve d'abord trois bases de remboursement : la première d'après l'estimation des biens, la deuxième d'après leur vente, la troisième d'après le prix payé par les anciens propriétaires aux acquéreurs de leurs biens. Ces trois bases premières se subdivisent à l'infini, d'après les circonstances et les personnes qui ont participé à ces estimations, ventes ou rachats ; de manière que sur trois personnes possédant des domaines de valeurs égales dans le même département, dans la même commune, le premier peut recevoir 50 pour cent, parce que l'estimation aura été faite en conscience; le deuxième 30 pour cent, parce que la vente aura été faite en prévoyance de la chute du papier monnaie; et que le troisième enfin sera complètement dédommagé, parce qu'on lui restitue le prix entier de son rachat. Bien plus, dans la même catégorie, entre ceux dont les biens auront été vendus trois mois avant ou après le règne du papier monnaie, il existera une différence de 50 pour cent.

Un tel désordre peut-il être sanctionné par la loi? Si l'on en croit les développemens donnés par M. le Commissaire du Roi, on a voulu donner au bienfait le mérite de la promptitude dans l'exécution. Je conçois que c'était une manière très-rapide d'expédier les gens; mais je suis persuadé que le Ministère a eu moins en vue le bien-être des indemnisés que la nonchalance de ses agens, et qu'il a surtout espéré que les affamés auxquels il offrait du pain se jetteraient dessus sans examiner sa qualité. Espérons que la Chambre jugera que la raison de faire vîte n'exclut pas le moyen de bien faire; que la longueur du travail peut se racheter par le nombre des ouvriers; qu'il faut être juste avant tout, et qu'en cela comme en beaucoup de choses, le temps ne fait rien à l'affaire. Ceux qu'on a dépouillés depuis trente ans n'ont pas appris à être difficiles, et quelques mois de plus ne leur paraîtront pas intolérables.

Après avoir repoussé en cette partie le projet de loi, il s'agit de remédier à cette inégalité de participation à l'indemnité contre laquelle on vient de s'élever. Pour y parvenir, j'interrogerai la législation de toutes les époques et de toutes les nations civilisées, et m'étayant principalement sur la Charte, si son art. premier n'est pas une vaine promesse, je dirai que tous les Français sont égaux devant la loi. Appliquant ce principe à des Français et à des royalistes, j'ajouterai que toutes les personnes qui ont été également proscrites et spoliées, dans le même temps, pour la même cause et par les mêmes lois, doivent participer également aux avantages des lois destinées à réparer ces injustices; que les ordonnances diverses qui ont restitué aux spoliés la portion de leurs biens non vendus, étaient des mesures partielles d'indemnité, dont la loi proposée n'est que l'extension, le complément et le terme; et qu'en conséquence, ceux qui ont eu part à ces restitutions doivent en faire rapport fictif à la masse des indemnités, pour en subir la compensation sur leur décompte; qu'il ne s'agit pas ici de leur appliquer cette justice rigoureuse qui autoriserait peut-être à leur demander compte de leur jouissance pendant un grand nombre d'années, encore moins d'exiger un rapport réel de ce qui se trouverait surpayé; mais seulement de faire ce qui se pratique dans toutes les affaires civiles et commerciales, ce que le bon sens indique, ce que la justice a le droit d'exiger, et ce que l'honneur surtout commande impérieusement à des personnes enveloppées dans les mêmes infortunes, pour la plus noble des causes.

Ce principe est fécond en résultats : je l'invoquerai souvent; une fois adopté, il aplanit tout, il rend tout prompt et facile. Deux tableaux composent mon travail : le premier contient la masse des confiscations; le deuxième, la masse des moyens de réparation; en d'autres termes, le premier se compose de la valeur des biens vendus et de ceux restitués; le second, de la valeur des biens restitués et d'un milliard. Les bases de ces tableaux sont entre les mains du Ministère; ce qui peut y manquer ne saurait être ni long ni difficile à établir.

Le reste de mon projet est facile à deviner : la règle de proportion suivante en fait l'affaire. *La masse des confiscations est à la masse des indemnités, comme la perte de chaque réclamant est à la portion qui doit lui revenir.* Pour lui parfaire ce dividende, on lui porte en compte la valeur des objets restitués, s'il en a reçu; le reste est complété par une allocation sur le milliard de la loi.

On sent bien que, dans ce projet, il ne peut plus être question de ceux qui sont rentrés dans leurs biens par voie d'acquisition. Ils ont racheté leurs biens parce que ces propriétés leur plaisaient plus que d'autres, parce qu'elles étaient moins coûteuses, et surtout parce qu'ils avaient de l'argent. C'est un bénéfice de position dont ils ont bien fait de profiter mais qui ne peut les affranchir de la loi commune à leurs compagnons d'infortune, ni leur constituer une prérogative dont les autres seraient les victimes. En effet, puisque l'indemnité est limitée, nul ne peut recevoir en trop que les autres ne reçoivent en moins. C'est ce qui arriverait cependant d'après le projet de loi. Pour le prouver, il ne s'agit que de pousser les choses à l'extrême, et de supposer que les acquisitions de cette nature s'élèveront au milliard accordé par la loi : il est clair alors que les autres n'auraient rien. Or, dans cette supposition, ce qui serait vrai pour le tout ne peut manquer de l'être partiellement pour telle autre supposition qu'on voudra faire, ou tel autre cas qui pourra se présenter.

CHAPITRE III.

Des Estimations.

Je viens de dire que, pour procéder avec régularité et justice, la première chose à faire était d'établir la valeur des biens confisqués. Cette mesure étant prévue par le projet de loi, pour les biens vendus, la seule innovation que je propose est de l'étendre aux biens restitués. J'ai suffisamment démontré, je crois, l'inconvenance de prendre pour bases de cette valeur celles indiquées par le Ministère, et les irrégularités révoltantes qui en résulteraient. Quand bien même les estimations de 1790, les ventes en papiers monnaie et celles en argent ne seraient entachés d'aucun des vices et des circonstances qui les ont accompagnées, il suffit que ces actes soient l'effet de la violence, que les intéressés n'y aient point été appelés, que ce soit, à leur égard, *res inter alios acta*, pour qu'on ne puisse les leur opposer comme les limites de leurs droits. En logique et en morale, il est reconnu qu'on ne peut tirer aucune bonne conséquence d'un mauvais principe. D'ailleurs, d'où partirait-on pour apprécier la valeur des biens restitués? Il faut donc recourir à un autre mode, et le plus naturel, c'est l'estimation du revenu, qui multiplié à raison de cent pour trois, donnera la valeur de l'immeuble. Mais, dira-t-on, depuis trente-quatre ans, ce revenu a éprouvé diverses variations : quelle époque choisirez-vous ? Ici j'invoque mon principe favori, l'égalité proportionnelle dans la répartition de l'indemnité, et je réponds que toutes les époques me sont indifférentes. En effet, si tout doit être égal entre les victimes des confiscations, qu'importe sur quel taux et d'après quelle base seront estimées leurs propriétés, si ce taux et cette base sont égaux pour tous. Seulement j'observerai que les choses qui se passent sous nos yeux sont plus faciles à apprécier que celles qui n'existent que dans notre mémoire ; que nos dissensions civiles et nos guerres extérieures ont long-temps influé sur la valeur de nos produits territoriaux ; qu'après les oscillations que produit une grande secousse, le temps est enfin arrivé où les fortunes particulières ont repris leur à-plomb naturel, et leur inaltérable fixité ; j'observerai, dis-je, que le revenu moyen des trois dernières années, est celui que je proposerai de consulter pour évaluer la masse des confiscations.

Ce point est le seul à déterminer par la loi. Le reste est du ressort de l'administration, qui ne peut méconnaître les moyens si connus d'estimer les propriétés. Je ne commettrai pas l'irrévérence de les lui rappeler ; mais pour rassurer ceux qui ne sont pas familiarisés avec ces opérations, je dirai que les baux, les contrats de vente, les classemens du cadastre, la répartition de l'impôt communal, et les mercuriales des marchés sont des documens qui, consultés et comparés entre eux, suffisent pour procurer l'appréciation la plus scrupuleuse à laquelle il soit permis de prétendre. A l'exception des bois défrichés, qui d'après des règles établies, doivent être portés au double de la valeur du terrain nu actuel, les changemens de culture ne me paraissent mériter aucune attention sérieuse, s'ils n'ont occasionné ni mise de fonds, ni retard dans la jouissance. Quand ces cas se rencontreront, l'estimateur aura bientôt résolu le problème, en déduisant l'intérêt, du capital employé, sur le revenu actuel pour les premiers, et en composant pour les autres une année commune de produit. Quant aux objets qui n'existent plus, tels que les parcs et les châteaux, dont le produit était ordinairement absorbé et au-delà par les frais d'entretien et de réparations, et qui cependant représentaient une certaine valeur, la notoriété publique suffira pour l'apprécier.

Je ne pretends pas que ces estimations seront sans reproches. Aussi la loi doit-elle ne les déclarer que provisoires, et appeler tous les indemnisés à en discuter les imperfections dans un délai déterminé. Ce terme arrivé, et les contestations survenues étant jugées par l'autorité que le Roi préposera à cet effet, les estimations seront déclarées définitives ; le dividende au marc le franc sera arrêté, et chaque intéressé reçevra son certificat de liquidation.

Pour répondre même aux intentions bienveillantes que le Ministère a manifestées dans le développement du projet de loi, rien n'empêche que le moment qui leur est destiné pour entrer en jouissance du premier cinquième de leur part dans l'indemnité, ne soit pas reculé d'une seule minute. Quelque imparfaites qu'on puisse supposer les estimations provisoires, elles ne pourront opérer une différence de quatre-cinquièmes dans le sort définitif de l'indemnisé. La loi pourrait donc statuer que, sur l'estimation provisoire, il serait fait un premier rôle de répartition, dont le cinquième serait délivré aux ayans-droit, sauf à en compter dans les répartitions subséquentes.

Toutes ces opérations, en se coordonnant avec les principes de la plus sévère justice, ont donc le mérite d'être claires et satisfaisantes pour toutes les intelligences, faciles dans leur exécution, et promptes dans leurs résultats.

CHAPITRE IV.

Des créanciers des indemnisés.

Suivant le projet de loi, les créanciers des indemnisés antérieurement à la confiscation seront seuls habiles à intervenir dans le paiement à faire à leurs débiteurs et à y participer pour leur capital seulement. La loi, en repoussant les intérêts, ne dit pas même ce qu'ils deviendront dans la main des créanciers; s'ils seront perdus définitivement pour eux, ou si leurs droits à cet égard leur sont réservés pour subir la chance de la loi commune.

Si je ne considère que le respect dû aux transactions civiles; si, dans une loi préparée pour expier les outrages faits à la propriété, j'observe que des créances sont également une propriété, aussi sacrée, aussi inviolable devant la loi que celle d'un immeuble; je me demande pourquoi les intérêts ne seraient pas exigibles aussi bien que les capitaux; car il ne faut pas se le dissimuler, la loi commune a rangé les uns et les autres dans la même catégorie.

Mais si d'un autre côté je me reporte sur le débiteur, ne recevant qu'une portion de son avoir, et forcé de payer sa dette intégrale; si, surtout, j'envisage le cas très-fréquent où cette portion sera absorbée par la dette; je ne pourrai m'empêcher de blâmer le projet de loi; mais j'en tirerai cet avantage, que puisque le Ministère a cru que l'omnipotence parlementaire pouvait déroger à la loi commune en restreignant ces paiemens au seul capital, je suis excusable de croire que cette même omnipotence peut s'étendre jusqu'à modérer ce capital, si je démontre que cette réduction rentre dans les limites de la justice distributive, que je veux établir pour tout le monde.

Pour y parvenir, je considère ces créanciers, et je n'en vois que de deux sortes : la première, de ceux qui n'ont point réclamé ; la seconde, de ceux qui ont réclamé sans obtenir.

Quel a été le but des premiers, sinon d'attendre le moment où leur débiteur, par une chance heureuse, rentrerait dans la plénitude de ses droits, et serait à même de leur donner des valeurs plus réelles que celles qu'on leur offrait ? C'est donc volontairement qu'ils se sont associés à leur bonne ou mauvaise fortune. Si donc le débiteur ne retrouve, par l'indemnité, que la moitié, le tiers, ou le quart de sa fortune, n'est-il pas juste pour tous deux que le créancier ne reçoive que la moitié, le tiers, ou le quart de sa créance, et ce dernier pourra-t-il se plaindre d'un résultat dont il a bien voulu courir toutes les chances ?

Quant à ceux qui ont réclamé sans pouvoir obtenir ; d'où provient leur malheur ? d'abord d'avoir attendu trop tard ; ensuite d'avoir été victimes d'un gouvernement injuste et arbitraire. Que conclure de cela ? sinon qu'il a existé entre le débiteur et le créancier une communauté d'oppression qui doit les conduire aux mêmes résultats, et que le malheur partagé sera plus léger pour chacun d'eux ?

Je crois donc que ce principe de justice que j'ai posé, pour une répartition égale et proportionnelle de l'indemnité entre toutes les victimes des confiscations, peut être invoqué avec non moins de raison contre leurs créanciers. N'est-il pas d'ailleurs à desirer qu'aucun malheureux ne soit exclus de cette fête de la restauration, et que le propriétaire spolié, ainsi que son créancier, puisse prendre une part égale *a la joie de leur seigneur*. Seulement, plus prévoyant que le Ministère, et plus légal que le projet de loi, j'insisterai pour que les droits des créanciers, qui ne seraient pas éteints par l'opération ci-dessus, leur soient réservés, sauf à les faire valoir comme ils l'entendront, d'après la loi commune, sur les autres biens du débiteur.

Je ne puis terminer ce chapitre sans appeler l'attention sur une autre espèce de créancier dont le projet de loi ne parle pas. Ce créancier, c'est le Gouvernement lui-même. Il a remboursé beaucoup de créances dues par les anciens propriétaires ; aujourd'hui qu'il entre en paiement avec eux, il a bien le droit, comme les créanciers primitifs auxquels il est substitué, d'exercer des reprises à raison de ses paiemens. Dans le silence du Ministère, réduit à deviner, je ne puis supposer que deux choses: l'une, que ces reprises ont déjà été calculées dans le travail qu'il a présenté ; l'autre, qu'il en sera fait remise aux débiteurs. Dans le premier cas, j'aurais desiré savoir comment les retenues ont été supputées. En effet le Gouvernement a fait des remboursemens en assignats, en mandats et en numéraire. Il a bien aujourd'hui le strict droit d'exiger sa créance nominale, sans avoir égard à la différence des valeurs ci-dessus. Mais cette prétention serait odieuse ; *summum jus, summa injuria*. Il ne pourrait donc, pour être juste, exercer ses reprises qu'en raison de la manière dont il indemnise, sans avoir égard à la nature de sa créance; et, s'il a fait des paiemens en numéraire sur des biens vendus en assignats, ce numéraire doit être réduit suivant la réduction qu'éprouvera l'indemnisé.

Dans l'autre cas, je ne verrais qu'une libéralité individuelle, qui ne s'accorde ni avec les exigences d'un régime constitutionnel, ni avec les principes d'un bon gouvernement. La générosité ne doit marcher qu'après la justice, et l'on ne peut donner aux uns plus qu'il ne leur est dû, sans être quitte avec tous les autres.

Mais pour ne pas trop m'égarer dans le vague des suppositions, je terminerai en observant que la France aurait dû être éclairée sur ce point qui touche à tant d'intérêts; que de quelque manière que le Ministère ait conçu cette opération, elle ne peut plus s'accorder avec les autres dispositions du projet de loi, dont j'ai démontré les vices, ni même intrinsèquement être juste d'une manière générale et absolue.

Tous ces inconvéniens n'existeraient pas si les dispositions comprises dans les chapitres qui précèdent étaient accueillies. En effet, rien ne s'opposerait alors à ce que le Gouvernement, comme les autres créanciers, n'intervînt au paiement à raison de sa créance nominale, et n'exerçât des reprises proportionnelles. Ces reprises formeraient une masse importante à déduire du milliard promis : mais comme le pouvoir législatif répugnerait à en profiter, il ne s'agirait plus qu'à en déterminer l'emploi. Une partie serait nécessairement et de droit laissée à la disposition du ministre chargé de l'exécution de la loi, pour faire face aux non-valeurs. Dans cette classe, je range le débet de celui qui, par l'effet des restitutions, aurait touché au-delà de sa quote-part dans l'indemnité. J'ai dit qu'il ne serait tenu à aucun rapport réel. Il y aurait donc un déficit, qui serait couvert par la réserve que j'indique. Beaucoup d'autres cas peuvent se rencontrer; beaucoup d'autres inconvéniens imprévus peuvent exiger un prompt remède. Ma réserve pourvoit à tout. Enfin la grande opération terminée ou au moins fort avancée, le surplus peut devenir un supplément de dividende à faire au marc la livre, aux diverses parties-prenantes, ou bien être mis à la libre disposition du Roi, qui, d'après la haute sagesse et l'humanité qui le caractérisent, n'en fera qu'un bon emploi.

CONCLUSION.

Les réflexions qui précèdent ne changent en rien le fond du projet de loi, et peuvent facilement s'y amalgamer par la voie des amendemens. Peu d'articles suffiraient pour remplir mon but. Je vais en tracer l'esquisse pour donner ensemble une idée de mon plan, de sa justice et de sa simplicité.

Art. 30 millions de rente, au capital d'un milliard, formeront, avec les biens déjà restitués en nature aux anciens propriétaires, à quelqu'époque que ce soit, le complément d'indemnités dû à la masse des confiscations.

Art. Les indemnités seront distribuées au marc la livre entre toutes les personnes frappées de confiscation, en raison du montant des biens confisqués sur chacun d'eux.

Ceux auxquels il a été fait des restitutions de biens en nature, seront tenus d'en faire le rapport fictif à la masse ; et la valeur de ces restitutions leur sera précomptée sur leur liquidation. Dans le cas, néanmoins, où ils se trouveraient surpayés, ils ne seront tenus à aucune soulte, retour, ni rapport réel ; et le déficit qui en résultera pour la masse des indemnités sera couvert ainsi qu'il sera dit ci-après.

Art. A l'effet de ce qui précède, il sera

dressé, par les autorités locales, d'après le mode qui sera fixé par une ordonnance royale, un état général estimatif des biens confisqués, d'après la valeur actuelle de ces biens, quant à ceux qui existent, et d'après la valeur qu'ils auraient quant à ceux qui n'existent plus.

Cet état, divisé en états partiels par départemens, sera publié et affiché, et son bien-être pourra être contesté par toute personne ayant droit aux indemnités, pendant neuf mois, à partir de la publication. Les contestations à naître seront jugées par l'autorité administrative. A l'expiration de la première année à partir des publications, cet état sera regardé comme clos et arrêté, et le dividende revenant à chaque partie prenante sera définitivement établi. Néanmoins, lors de la publication et affiches de l'état provisoire, chaque partie prenante recevra par provision le cinquième de sa quote-part présumée dans l'indemnité.

Art.   Les créanciers des parties prenantes, antérieurement à la confiscation, seront admis à faire valoir leurs droits contre elles, mais seulement en proportion de la part qui leur reviendra, et eu égard à leurs pertes, leurs autres droits et actions réservés.

Art.   Il en sera de même à l'égard du Gouvernement, à raison de ses créances sur les parties prenantes, comme substituées aux droits de leurs créanciers, qu'il a remboursés. Les retenues qu'il exercera en cette qualité formeront un fonds de réserve, dont partie est laissée à la disposition du Ministre... pour subvenir aux non valeurs ci-dessus et aux autres dépenses imprévues, dont il comptera. Le surplus appartiendra aux parties prenantes, et leur sera distribué en temps convenable, d'après un nouveau dividende à établir entre elles.

Ou bien :

Le surplus est mis à la libre disposition du Roi, pour dédommager ceux qui y auront droit, des pertes que les prévisions de la présente loi n'auront pu réparer convenablement.

A. M. TAUPIN D'ORVAL.

www.ingramcontent.com/pod-product-compliance
Lightning Source LLC
Chambersburg PA
CBHW070536050426
42451CB00013B/3039